Disney

Weihnachts-Kochbuch

Rezepte von Cristina Garces
Fotos von Teri Lyn Fisher
Illustrationen von den Disney Storybook Artists

Panini BOOKS

Lieber Disney-Fan!

Wenn es Zeit wird zum Schlittenfahren, Schlittschuhlaufen und Geschenkeverpacken, ist auch die Zeit für köstliche Weihnachtsrezepte gekommen! Dieses Buch ist voll mit Winterleckereien von all deinen Lieblings-Disney-Figuren. Genau das Richtige, wenn du aus der Kälte kommst – oder für einen gemütlichen Tag zu Hause.

Es enthält über 25 Rezepte, mit denen du deine Lieben in der Advents- und Weihnachtszeit verwöhnen kannst. Manche Rezepte sind sogar perfekte Geschenke! Denn ihre Zutaten lassen sich in Gläser füllen und mit den Rezeptanhängern, die du am Ende des Buchs zum Ausschneiden findest, verschenken. Welche das sind, siehst du am Ende der Rezepte an diesem Symbol:

Dabei spielt es gar keine Rolle, ob du Anfänger oder Profi bist – alles, was du brauchst, ist Weihnachtsstimmung! Bei jedem Rezept zeigt die Anzahl der Lebkuchenmänner den Schwierigkeitsgrad an. So kannst du mit etwas Einfachem beginnen ( ) und dich zu komplizierteren Rezepten ( ) vorarbeiten.

Dies gilt es zu beachten:

- Pass gut auf, dass du keine heiße Herdplatte anfasst!
- Bitte immer einen Erwachsenen um Hilfe, wenn du Mixer, Pürierstab, Herd, Ofen oder Messer benutzt.
- Wasche deine Hände, bevor du anfängst, und räume auf, wenn du fertig bist!
- Bereite alle Zutaten vor und lies das Rezept ganz durch, bevor du loslegst.
- Mach dir nichts draus, wenn ein Gericht nicht auf Anhieb gelingt! Das Wichtigste ist, dass du Spaß am Kochen hast.

Jetzt kann es losgehen: Zieh Topfhandschuhe an, setz eine Weihnachtsmannmütze auf und lass dich von den wunderbaren Gerichten für kalte Wintertage wärmen!

INHALT

Frühstück

Schneewittchens Frühstücksmuffins

Ergibt 10 Stück

An Weihnachten steht sogar Zwerg Schlafmütze gern früh auf. Denn da duftet es im ganzen Haus unwiderstehlich nach Schneewittchens leckeren Frühstücksmuffins!

Zutaten

Pflanzenöl zum Einfetten

1 Packung Croissantteig

4 große Eier

2 TL Milch

1 Prise Salz

1 Prise schwarzer Pfeffer

20 g gekochte Brokkoliröschen, gehackt

30 g Cheddar, gerieben

6 Streifen gebratener Frühstücksspeck, zerkrümelt

So geht's:

1. Backofen auf 180 °C vorheizen. Ein 12er-Muffinblech einfetten. Den Teig in 10 Stücke teilen und in die Vertiefungen geben (zwei bleiben leer).
2. 5 Minuten backen. Währenddessen Eier, Milch, Salz und Pfeffer in einer Schüssel vermengen. Brokkoli und die Hälfte vom Cheddar untermengen.
3. Die Muffins aus dem Backofen nehmen und mit einem Holzlöffel Vertiefungen für die Eiermischung in die Oberseite drücken.
4. Die Eiermischung auf die Vertiefungen verteilen. Mit Speck und dem restlichen Cheddar bestreuen. 12–15 Minuten backen. Aus dem Ofen nehmen und ein paar Minuten abkühlen lassen. Guten Appetit!

Belles Beeren-Porridge

Ergibt 4–6 Portionen

Wenn es kalt ist, essen Belle und das Biest am liebsten warmen Porridge zum Frühstück. Die Beeren hat Belle selbst gepflückt und getrocknet!

Zutaten

1 l Milch

90 g zarte Haferflocken

250 g gemischte Trockenfrüchte (z. B. Rosinen, Cranberrys und Aprikosen), plus weitere Trockenfrüchte zum Bestreuen

1½ TL Zimt

½ TL gemahlener Ingwer

1 Prise Muskatnuss

1 Prise gemahlene Nelken oder Piment

1½ TL Vanilleextrakt

60 g brauner Zucker

500 ml Wasser

gehackte Nüsse zum Bestreuen

So geht's:

1. Die Milch in einem großen Topf bei mittlerer Hitze erwärmen. Die Haferflocken dazugeben und 5 Minuten unter ständigem Rühren erwärmen.

2. Trockenfrüchte, Gewürze, Vanilleextrakt, braunen Zucker und Wasser unterrühren. Hitze reduzieren und weitere 5 Minuten köcheln lassen.

3. Auf vier bis sechs kleine Schüsseln verteilen und mit Trockenfrüchten und gehackten Nüssen bestreuen.

Tipp: Zur Abwechslung kannst du die Trockenfrüchte durch 1 EL deiner Lieblingsmarmelade ersetzen – oder einen Spritzer von Stitchs Hawaii-Punsch (Seite 48) dazugeben!

Monstermässige Müsliriegel

Ergibt 8 Riegel

Wenn der Tag mit diesen Müsliriegeln beginnt, kann er nur monstermäßig gut werden! Warum? Weil du die Basics ganz nach deinem Geschmack ergänzen kannst. Buh liebt Honig-Loops, Mike mag Schokostückchen, und Sulley steht auf getrocknete Beeren.

Zutaten

60 g brauner Zucker
60 g Butter
185 g Honig
2 TL Vanilleextrakt
1 Prise Salz
75 g Erdnussbutter
90 g Vollkornhaferflocken
115 g Mandeln, gehackt
½ TL Zimt

So geht's:

1. Backofen auf 180 °C vorheizen. Ein Backblech (23 x 33 cm) einfetten oder mit Backpapier auslegen.

2. Braunen Zucker, Butter, Honig, Vanilleextrakt und Salz in einem mittelgroßen Topf bei mittlerer Hitze erwärmen. Unter gelegentlichem Rühren kochen, bis die Butter geschmolzen und der Zucker ganz aufgelöst ist. Erdnussbutter unterrühren.

3. Haferflocken, Mandeln, Zimt – und deine persönliche Lieblingszutat! – gut untermengen. Vom Herd nehmen und die Mischung auf dem Backblech gleichmäßig verteilen. Gut festdrücken.

4. Das Backblech in den Ofen geben und 5–7 Minuten backen. Auf Raumtemperatur abkühlen lassen und in Riegel schneiden. Die Müsliriegel halten bei Raumtemperatur etwa eine Woche, tiefgekühlt sogar mehrere Wochen.

Tipp: Monstermäßig gut passen z. B. diese Zutaten: Popcorn, gebrannte Mandeln, zerkrümelte Kekse, Schokosplitter, Pinien- und Kürbiskerne, Sesam, Rosinen, Trockenfruchtstückchen wie Apfel, Banane, Kokosnuss, Aprikose, Pflaume etc.

Dalmatiner-Pfannkuchen

Ergibt 4–6 Portionen

Pongo, Perdita und ihre 101 Dalmatinerwelpen haben uns auf die Idee für dieses Rezept gebracht. Denn die leckeren Pfannkuchen haben fast so viele Punkte wie Rolly, Lucky und die anderen kleinen Rabauken!

Zutaten

155 g Mehl
2 TL Backpulver
2 EL Zucker
1 Prise Salz
½ TL gemahlener Zimt
250 ml Milch
2 TL Vanilleextrakt
2 EL geschmolzene Butter
1 großes Ei
60 g Walnüsse, gehackt
60 g getrocknete Cranberrys
140 g Schokotröpfchen
Pflanzenöl zum Einfetten

So geht's:

1. Mehl, Backpulver, Zucker, Salz und Zimt in einer kleinen Schüssel vermengen.
2. Milch, Vanilleextrakt, Butter und Ei in einer mittelgroßen Schüssel verrühren. Die Mehlmischung untermengen, bis alles gut verbunden ist, und Walnüsse, Cranberrys und Schokotröpfchen vorsichtig unterrühren.
3. Eine große Pfanne bei mittlerer Hitze erwärmen und mit Pflanzenöl einfetten. Für jeden Pfannkuchen 2 EL der Teigmasse in die Pfanne geben und mit dem Löffelrücken kreisförmig verteilen.
4. Jeden Pfannkuchen goldbraun backen, etwa 1 Minute auf jeder Seite. Mit Ahornsirup oder Puderzucker bestreut servieren.

Ein Geschenkglas füllen:

Die Zutaten in dieser Reihenfolge in ein Einmachglas (500 ml) schichten: Mehl, Backpulver, Zucker, Salz, Zimt, Schokotröpfchen, Cranberrys, Walnüsse. Das Glas fest verschließen, weihnachtlich dekorieren und die Rezeptkarte vom Ende des Buches daranhängen.

Mittagessen

Tianas Teigtaschen

Ergibt 4 Stück

Teigtaschen mit Süßkartoffelfüllung sind ein Klassiker, den Tiana an Weihnachten traditionell gemeinsam mit Charlotte kocht. Du kannst die Teigtaschen auch mit Brokkoli, Käse und anderen Zutaten füllen – vielleicht mit deinem Lieblingsgemüse?

Zutaten

Für den Teig:

155 g plus 2 EL Mehl zum Bestäuben

½ TL Backpulver

1 Prise Salz

3 EL weiche Butter

1 EL Zucker

¼ TL Vanilleextrakt

1 EL verquirltes Ei

2 EL Milch

Für die Süßkartoffel-Füllung:

470 g Süßkartoffeln, gekocht und zerstampft

1 Prise Zimt

1 Prise Muskatnuss

1 Prise gemahlener Ingwer

Für die Brokkoli-Käse-Füllung:

125 g gekochter Brokkoli

60 g Cheddar, gerieben

185 g gekochtes Hähnchenfleisch oder Schinken, gewürfelt (optional)

So geht's:

1. Mehl, Backpulver und Salz vermengen und beiseitestellen.
2. Mit einem Handmixer Butter und Zucker etwa 3 Minuten schaumig rühren. Vanilleextrakt und Ei unterrühren. Abwechselnd ein wenig Mehlmischung und ein wenig Milch untermengen, bis beides miteinander verbunden ist. Den Teig in Frischhaltefolie einrollen und 15 Minuten in den Kühlschrank legen.
3. Backofen auf 190 °C vorheizen. Die Zutaten deiner Lieblingsfüllung in einer kleinen Schüssel vermengen. Den Teig aus dem Kühlschrank nehmen und in 4 Stücke teilen. Die Stücke mit einem Nudelholz auf einer bemehlten Fläche zu 4 Kreisen ausrollen. Mit einer kleinen Schüssel kannst du sie perfekt ausstechen – oder du lässt sie, wie sie sind.

4. Mit dem Löffel je ein Viertel deiner Lieblingsfüllung in die Mitte jedes Kreises setzen. Den Teig am Rand ringsum mit Wasser befeuchten und in der Mitte falten. Den Rand mit einer Gabel zusammendrücken.
5. Die halbrunden Teigtaschen auf ein Backblech legen und 12–15 Minuten backen, bis sie goldbraun sind. Nach dem Backen unbedingt abkühlen lassen, bevor du hineinbeißt!

Elsas Käse-Makkaroni

Ergibt 6 Portionen

Nach dem Schlittschuhlaufen mit Anna und Olaf liebt es Elsa, das perfekte Mittagessen zu machen, um es mit ihren Freunden zu teilen – Käse-Makkaroni!

Zutaten

1 EL Olivenöl

2 EL geschmolzene Butter

3 EL Mehl

375 ml Milch

250 g weißer Cheddar, gerieben

150 g Mozzarella, gerieben

1 Prise Muskatnuss

1 Prise Cayennepfeffer

1¾ TL Salz

300 g Makkaroni

120 g gekochter Blumenkohl, gehackt

So geht's:

1. Die Makkaroni nach Packungsanleitung kochen.
2. In einem großen Topf Olivenöl, Butter und Mehl bei mittlerer Hitze 3 Minuten verrühren. Unter ständigem Rühren die Milch dazugeben und zum Kochen bringen. Cheddar und Mozzarella nach und nach unterrühren. Mit Muskatnuss, Cayennepfeffer und Salz würzen.
3. Die gekochten Makkaroni und den Blumenkohl in den Topf geben und verrühren, bis alles gut mit der Käsesauce überzogen ist.

Tipp: Wenn du eine Käsekruste haben möchtest, gib alles in eine Backform und streue 150 g Mozzarella darüber. Etwa 3 Minuten im Backofengrill goldbraun backen.

Tianas Bohnenauflauf

Ergibt 6 Portionen

Schon als Kind hat Tiana sehr gerne gekocht. Zu Weihnachten hat sie ihren Vater einmal mit diesem Bohnenauflauf überrascht – und er war restlos begeistert!

ZUTATEN

250 g gekochte grüne Bohnen, geschnitten

330 g Champignoncremesuppe aus der Dose

60 ml Milch

½ TL Salz

½ TL Pfeffer

1 TL Knoblauchpulver

150 g Röstzwiebeln

125 g Cheddar, gerieben

SO GEHT'S:

1. Backofen auf 180 °C vorheizen. Grüne Bohnen, Champignoncremesuppe, Milch, Salz, Pfeffer, Knoblauchpulver und ⅔ der Röstzwiebeln in einer großen Schüssel vermengen. In eine eingefettete Backform (1,5 l) geben und 15 Minuten backen.

2. Cheddar und die restlichen Röstzwiebeln darüberstreuen. 5–10 Minuten backen, bis der Käse geschmolzen ist

Rapunzels Kürbissuppe

Ergibt 4–6 Portionen

Suppen sind ist zu jeder Jahreszeit Rapunzels Lieblingsgericht, und nach einem langen Tag des Geschenke-Einpackens gibt es nichts Perfekteres als diese Kürbisvariante, die mit knusprigen Haselnussbröseln als Topping serviert wird.

Zutaten

Für die Kürbissuppe:

1 EL Olivenöl

1 Schalotte, gewürfelt

½ TL Salz

750 ml Hühner- oder Gemüsebrühe

250 ml Apfelmus, ungesüßt

1 Prise Pfeffer

1 Prise Muskatnuss

470 g Kürbispüree aus dem Glas

2 EL brauner Zucker

125 g Sauerrahm

Für das Haselnuss-Topping:

½ EL Olivenöl

30 g Pankomehl (oder Semmelbrösel)

40 g Haselnüsse, gehackt

So geht's:

Suppe zubereiten:

1. Das Olivenöl in einem großen Topf bei mittlerer Hitze erwärmen. Sobald das Öl heiß ist, Schalotten und Salz dazugeben. Etwa 7–8 Minuten unter gelegentlichem Rühren die Schalotten weich und glasig anschwitzen.

2. Hühner- oder Gemüsebrühe, Apfelmus, Pfeffer, Muskatnuss, Kürbispüree und braunen Zucker dazugeben und 15 Minuten köcheln lassen. Sauerrahm gut untermengen.

Topping zubereiten:

3. Das Olivenöl in einer kleinen Pfanne bei niedriger Hitze erwärmen. Das Pankomehl darin unter ständigem Rühren etwa 3 Minuten knusprig und goldbraun braten. Die Haselnüsse dazugeben und weitere 2 Minuten rösten. Die Suppe auf Schüsseln verteilen und jeweils mit 1 EL Topping bestreuen.

Abendessen

Lightning McQueens Hähnchenpastete

Ergibt 4 Portionen

Was ist besser, als an einem eisigen Wintertag Schneeflocken zu essen? Eine heiße Hähnchenpastete futtern! Finden jedenfalls Lightning McQueen und Hook.

Zutaten

2 Packungen Mürbeteig (rund)

330 ml Hühnercremesuppe

125 ml Milch

1 Ei, verquirlt

250 g gemischtes TK-Gemüse, aufgetaut

185 g gekochtes Hähnchenfleisch, gewürfelt

1 TL Salz

1 Prise Pfeffer

1 Prise Thymian

1 Prise Muskatnuss

So geht's:

1. Backofen auf 190 °C vorheizen. 4 kleine Tarteformen oder ofenfeste Schüsseln (11 cm Durchmesser) einfetten. Teig in 8 Kreise schneiden, dabei die Oberseite einer Tarteform als Vorlage verwenden. Die Böden der Formen mit Teig auslegen. In der Mitte der restlichen 4 Teigkreise mit einem Keksausstecher kleine Blitze ausstechen oder mit einem Messer Blitze ausschneiden.

2. Suppe, Milch und Ei in einer mittelgroßen Schüssel verrühren. Gemüse, Hähnchenfleisch, Salz, Pfeffer, Thymian und Muskatnuss untermengen.

3. Die Füllung auf die 4 Formen oder Schüsseln verteilen, mit Teigkreisen abdecken und die Ränder fest zusammendrücken. Überhänge abschneiden.

4. Die Pasteten im Ofen 30–40 Minuten goldbraun backen. Vor dem Servieren 10 Minuten abkühlen lassen.

Tipp: Für vegetarische Pasteten das Hähnchenfleisch weglassen und statt Hühnersuppe Kartoffel oder Champignoncremesuppe verwenden.

Olafs Minipizzas

Ergibt 4 Stück

Während der Feiertage mag Olaf warme Umarmungen und heiße Pizza. In Schneemannform schmeckt sie besonders lecker!

Zutaten

500 g Pizzateig

1 EL Olivenöl

250 ml passierte Tomaten

300 g Mozzarella, gerieben

Belag:

Babykarotten, längs halbiert

Kapern

schwarze Oliven ohne Stein, in Scheiben

Salamischeiben

Salzstangen

So geht's:

1. Den Pizzateig mindestens 20 Minuten lang bei Raumtemperatur ruhen lassen. Dann in 12 Stücke teilen und jedes Stück zu einer Kugel kneten.

2. Backofen auf 220 °C vorheizen. Ein Backblech mit Backpapier auslegen und das Papier mit Öl einfetten.

3. Die Teigkugeln auf einer mit Mehl bestäubten Fläche 5 mm dick ausrollen.

4. Die Kreise auf das Backblech legen, dabei zuerst den unteren, dann den mittleren Kreis leicht überlappend platzieren. Danach den Kopf leicht überlappend auf den mittleren Kreis legen. Tomaten auf den 4 Schneemännern verteilen. Mozzarella darüberstreuen.

5. Nun mit dem Belag Olafs Gesichtszüge gestalten: Für die Knöpfe und Augenbrauen schwarze Oliven verwenden, für die Augen Kapern, Salzstangen für die Arme und Haare und eine halbe Babykarotte für die Nase. Für den Mund Salamischeiben halbieren und wie abgebildet ausschneiden.

6. Die Pizzas im Ofen 6–8 Minuten backen, bis die Ränder goldbraun sind. Vor dem Servieren etwas abkühlen lassen.

Woodys Cowboy-Chili

Ergibt 6 Portionen

Wie feiert ein echter Cowboy Weihnachten? Mit diesem klassischen Chili, das am nächsten Tag noch besser schmeckt – falls etwas übrig bleibt!

Zutaten

500 g mageres Rinderhack

125 g Zwiebel, gehackt

450 g stückige Tomaten aus der Dose

250 g passierte Tomaten

1 kg Kidneybohnen, abgegossen

450 ml Rinderbrühe

2 TL Knoblauchpulver

1 TL Salz

½ TL Pfeffer

125 g Cheddar, gerieben (optional)

So geht's:

1. Rinderhack und Zwiebelstücke in einem großen Topf bei mittlerer Hitze anbraten, bis das Fleisch braun und die Zwiebeln weich sind.
2. Die restlichen Zutaten außer dem Käse dazugeben. Umrühren, zum Kochen bringen, dann die Hitze reduzieren.
3. Halb zugedeckt 30–45 Minuten köcheln lassen (je länger es kocht, desto dickflüssiger wird das Chili). Nach Belieben mit Cheddar bestreuen und servieren.

Meridas Miniburger

Ergibt 12 Portionen

Meridas Drillingsbrüder lieben alles, was es im Dreierpack gibt – so wie Meridas Miniburger! Die werden nämlich mit drei Zutaten serviert, zum Beispiel Semmelknödel, Bratensauce und Preiselbeergelee.

Zutaten

Für die Miniburger:

500 g mageres Putenhack

30 g Semmelbrösel

2 TL Zwiebelpulver

1 Knoblauchzehe, zerdrückt

1 TL grobes Salz

½ TL Pfeffer

1 EL Pflanzenöl

12 kleine Burgerbrötchen

Für den Belag:

375 g Semmelknödel in Kochbeuteln

200 g Preiselbeergelee

340 ml Bratensauce

So geht's:

1. Die Semmelknödel nach Packungsanleitung zubereiten und in kleine Würfel schneiden.

2. Putenhack, Semmelbrösel, Zwiebelpulver, Knoblauch, Salz und Pfeffer in einer mittelgroßen Schüssel vermengen. 7 cm große Pattys formen.

3. In einer großen Pfanne Pflanzenöl bei mittlerer Hitze erwärmen. Darin die Pattys auf jeder Seite 5 Minuten braten, bis sie knusprig braun sind.

4. Die Bratensauce nach Packungsanleitung zubereiten. Die Burgerbrötchen auseinanderschneiden und mit Preiselbeergelee bestreichen. Die Pattys auf die untere Hälfte legen, darüber je ein paar Semmelknödelwürfel und 2–3 EL Bratensauce verteilen. Die restlichen Brötchenhälften daraufsetzen und servieren.

Susi und Strolchs Weihnachtsessen

Ergibt 4 Portionen

Susi und Strolch feiern Weihnachten ganz romantisch bei Kerzenlicht – mit Zucchini-Spaghetti und Fleischbällchen als Festmahl.

ZUTATEN

Für die Fleischbällchen:

500 g Hähnchen- oder Putenhack

2 Knoblauchzehen, zerdrückt

1 TL Zwiebelpulver

1 TL Basilikum

½ TL Salz

½ TL Pfeffer

30 g Semmelbrösel

1 TL Olivenöl

750 g Tomatensauce aus dem Glas

Für die Zucchini-Spaghetti:

4 Zucchini, mit oder ohne Schale

1 TL Olivenöl

1 TL Knoblauchpulver

1 TL Salz

½ TL Pfeffer

Parmesan, gerieben (optional)

SO GEHT'S:

FLEISCHBÄLLCHEN ZUBEREITEN:

1. Hähnchen- oder Putenhack, Knoblauch, Zwiebelpulver, Basilikum, Salz, Pfeffer und Semmelbrösel in einer großen Schüssel vermengen. Kleine Bällchen formen und beiseitestellen.

2. In einer großen Pfanne Olivenöl bei mittlerer Hitze erwärmen und die Fleischbällchen darin 1 Minute anbraten. Tomatensauce dazugeben und vorsichtig verrühren. Hitze reduzieren und zugedeckt 20 Minuten köcheln lassen.

ZUCCHINI-SPAGHETTI ZUBEREITEN:

3. Die Enden der Zucchini abschneiden. Eine Kastenreibe so hinlegen, dass die größten Löcher nach oben zeigen. Dann die Zucchini vorsichtig der Länge nach durch die Oberseite reiben. Lass dir beim Reiben unbedingt helfen, vor allem am Ende der Zucchinistücke!

4. Olivenöl in einer Pfanne bei mittlerer Hitze erwärmen. Die Zucchini-Spaghetti dazugeben, mit Knoblauchpulver, Salz und Pfeffer bestreuen und 2–3 Minuten braten, bis sie *al dente* sind.

5. Die Zucchini-Spaghetti auf 4 Teller verteilen, ein paar Fleischbällchen daraufsetzen und mit Tomatensauce übergießen. Nach Belieben mit Parmesan bestreuen.

TOY-STORY-RAKETEN

Ergibt 6 Portionen

Wenn es geschneit hat, baut Buzz Lightyear am liebsten Schnee-Space-Ranger. Aber die brauchen auch Raketen, um zum Mond und zurück zu reisen!

ZUTATEN

Für die Raketen:

60 g Ketchup

½ kleine Zwiebel, fein gehackt

1 TL Olivenöl, plus Olivenöl zum Einfetten

500 g Puten- oder Rinderhack

60 g Semmelbrösel

1 Ei

½ TL Oregano

½ TL Basilikum

1 TL Salz

1 Prise Pfeffer

½ kleine Zucchini, gerieben (optional)

½ Karotte, geschält und gerieben (optional)

Für die Sauce:

60 g Ketchup

4 TL Worcestersauce

SO GEHT'S:

DIE SAUCE ZUBEREITEN:

1. Ketchup und Worcestersauce in einer kleinen Schüssel verrühren und beiseitestellen.

DIE RAKETEN ZUBEREITEN:

2. Backofen auf 180 °C vorheizen. Ein Backblech (23 x 33 cm) mit Alufolie auslegen, mit Olivenöl einfetten und beiseitestellen.

3. Alle Zutaten in einer großen Schüssel mit den Händen vermengen. Nach und nach mit der Hackfleischmasse auf dem Backblech die Raketen formen.

4. Das Backblech in den Ofen geben und die Raketen 40–50 Minuten backen. Vorsichtig vom Backblech nehmen und 5 Minuten abkühlen lassen. Auf den Tellern wie abgebildet mit der Sauce Flammen andeuten, die Raketen darübersetzen und mit Sauce beträufelt servieren.

Beilagen und Getränke

Ralphs Quetschkartoffeln

Ergibt 4 Portionen

Kartoffeln zerquetschen macht Spaß, finden Ralph und Vanellope.
Und als leckere Beilage zum Festessen schmecken sie einfach unwiderstehlich!

ZUTATEN

1–2 TL grobes Salz

Pfeffer nach Geschmack

125 ml Olivenöl, plus Olivenöl zum Einfetten

12 kleine rotschalige Kartoffeln (festkochend)

SO GEHT'S:

1. Einen großen Topf mit Wasser füllen, etwa 1 TL Salz hinzufügen, die Kartoffeln hineingeben und das Wasser zum Kochen bringen. Hitze reduzieren und die Kartoffeln etwa 20 Minuten lang köcheln lassen, bis sie weich sind, wenn du mit der Gabel hineinstichst.

2. Backofen auf 230 °C vorheizen. Während die Kartoffeln köcheln, ein Backblech mit Alufolie auslegen und mit Olivenöl einfetten. Die Kartoffeln abgießen und gleichmäßig auf dem Backblech verteilen.

3. Die Kartoffeln mit dem Boden eines Kaffeebechers zerstampfen, Olivenöl darüberträufeln, salzen und pfeffern.

4. Das Backblech auf der oberen Schiene in den Ofen geben und die Kartoffeln 20–25 Minuten backen, bis sie knusprig und an den Rändern gebräunt sind. Aus dem Ofen nehmen und etwas abkühlen lassen, bevor du sie genießt!

TIPP: Du kannst die Kartoffeln auch schon am Vortag kochen, zerstampfen und im Kühlschrank aufbewahren. Dann musst du sie nur noch auf Raumtemperatur bringen, bevor du sie in den Ofen gibst.

Aladdins Zimtäpfel

Ergibt 4–6 Portionen

Aladdins Äpfel schmecken nach 1001 Nacht und den Gewürzen des Morgenlands. Die ungewöhnliche Festtagsbeilage bereichert jede Tafel und ist ruck, zuck zubereitet.

Zutaten

4 mittelgroße Winteräpfel, geschält (z. B. Boskop)

125 g brauner Zucker

1 TL gemahlener Zimt

1 Prise Muskatnuss

4 EL Wasser

1 EL Butter

So geht's:

1. Die Äpfel mit einem Apfelschneider in Spalten schneiden und mit braunem Zucker, Zimt und Muskatnuss in einer mittelgroßen Schüssel vermengen.
2. Apfelmischung, Wasser und Butter in einen mittelgroßen Topf geben und bei mittlerer Hitze unter gelegentlichem Rühren 14–16 Minuten weich köcheln.

Tipp: Wenn die Mischung zu dick wird, zum Verdünnen nach und nach wenig Wasser zugeben, bis die richtige Konsistenz erreicht ist.

Nimmerland-Kakao mit Marshmallowsternen

Ergibt 4 Portionen

Wie kommst du nach Nimmerland? Nun, du fliegst am zweiten Stern rechts vorbei und dann immer geradeaus bis zur Morgendämmerung. So macht es auch der Weihnachtsmann, wenn er den verwunschenen Kindern ihre Geschenke bringt!

Zutaten

Für die Marshmallows:

2 EL Gelatine

Pflanzenöl zum Einfetten

500 g Zucker

1 Prise Salz

2 TL Vanilleextrakt

2 EL silberne Zuckerstreusel

90 g Puderzucker

Für den Kakao:

1 l Milch

30 g ungesüßtes Kakaopulver

125 g Zucker

3 Zuckerstangen, zerstoßen

1 Prise Salz

Für das Geschenkglas:

60 g ungesüßtes Kakaopulver

6 Zuckerstangen, zerstoßen

250 g Zucker

1–2 Prisen Salz

8 Marshmallowsterne

So geht's:

Die Marshmallows zubereiten:

1. 125 ml kaltes Wasser in einer kleinen Schüssel mit der Gelatine verrühren. 10 Minuten ziehen lassen. Backblech (23 x 33 cm) mit Frischhaltefolie auslegen, mit Pflanzenöl einfetten und beiseitestellen.

2. 125 ml kaltes Wasser und Zucker in einem großen Topf bei mittlerer Hitze unter Rühren erwärmen, bis der Zucker aufgelöst ist. Gelatine dazugeben und zum Kochen bringen. Die Mischung vorsichtig in eine große Schüssel leeren und abkühlen lassen.

3. Salz und Vanilleextrakt zur Gelatinemischung geben und mit einem Mixer 10–15 Minuten schaumig rühren, bis sich das Volumen verdoppelt hat. Auf das Backblech gießen und mit einem eingeölten Spatel bis in die Ecken verteilen. 3 Stunden beiseitestellen, bis die Mischung fest ist.

4. Backblech stürzen, Frischhaltefolie entfernen und mit Zuckerstreuseln bestreuen. Keksausstecher in Sternform mit Pflanzenöl einpinseln und Sterne ausstechen. Sterne unten und an den Seiten in Puderzucker tauchen.

Den Kakao zubereiten:

5. Die Milch bei mittlerer Hitze erwärmen, aber nicht kochen lassen. Die restlichen Zutaten hinzufügen, umrühren, bis sie sich aufgelöst haben, und auf vier Tassen verteilen. Je 1 oder 2 Marshmallows daraufgeben.

Ein Geschenkglas füllen:

Kakaopulver, Zucker und Salz in einer Schüssel verrühren. In ein Einmachglas (500 ml) schütten und mit Zuckerstangen und Marshmallows auffüllen. Das Glas fest verschließen, weihnachtlich dekorieren und die Rezeptkarte vom Ende des Buches daranhängen.

Arielles Seesterne

Ergibt 6 Portionen

Es gibt nichts, was dich mehr in Weihnachtsstimmung bringt, als Weihnachtseinkäufe! Nach einem anstrengenden Tag auf der Suche nach Geschenken für unter den Weihnachtsbaum schmecken Arielles vom Meer inspirierte Leckerbissen besonders gut – und sind schnell zubereitet!

Zutaten

315 g TK-Spinat, aufgetaut

125 g fettreduzierte Mayonnaise

1 Packung Zwiebelsuppe

250 g fettreduzierter Sauerrahm

2 Gurken, in 2,5 cm dicke Scheiben geschnitten

½ rote Paprikaschote, in 2 cm breite Streifen und dann schräg geschnitten

½ grüne Paprikaschote, in 2 cm breite Streifen und dann schräg geschnitten

So geht's:

1. Den Spinat ausdrücken, um überschüssiges Wasser zu entfernen. Spinat, Mayonnaise, Zwiebelsuppenpulver und Sauerrahm in einer großen Schüssel zu einer Creme verrühren.
2. Je 1 TL Creme mit der Löffelrückseite auf den Gurkenscheiben verteilen. Auf jeder Gurkenscheibe 5 rote oder grüne Paprikastücke so anordnen, dass sie wie Seesterne aussehen, und servieren.

Stitchs Hawaii-Punsch

Ergibt 4 Portionen

An Weihnachten machen Lilo und Stitch Eierpunsch, und zwar à la Hawaii!

Zutaten

375 ml Milch

125 g Schlagsahne

125 ml Kokoscreme

4 große Eier

500 ml Ananassaft

60 g brauner Zucker

2 TL Vanilleextrakt

½ TL gemahlener Zimt

1 Prise Muskatnuss

⅛ TL gemahlene Nelken

4 Ananasstücke (optional)

So geht's:

1. Milch, Schlagsahne, Kokoscreme, Eier, Ananassaft und braunen Zucker in einem großen Topf gut verrühren.
2. Die Mischung bei niedriger Hitze unter ständigem Rühren 10–15 Minuten erwärmen, bis sie eindickt. Nicht kochen lassen.
3. Den Topf vom Herd nehmen. Vanilleextrakt und Gewürze unterrühren. Nach Belieben mit Ananasstücken garnieren und sofort servieren.

Jasmins Joghurtdip

Ergibt 2–3 Portionen

Für Jasmin ist dieses Gericht ein Volltreffer! Nachdem sie eine Schneeballschlacht gegen Aladdin gewonnen hat, feiert sie mit ein paar Karotten und ihrem Lieblingsdip.

Zutaten

kleine Karotten

170 g griechischer Joghurt

½ EL frisch gepresster Zitronensaft

½ TL Oregano

1 Prise Salz

1 Prise Pfeffer

So geht's:

1. Joghurt, Zitronensaft, Oregano, Salz und Pfeffer in einer kleinen Schüssel mit einem Löffel verrühren.

2. Dazu Karotten servieren, die geschält und der Länge nach durchgeschnitten sind.

Desserts

Naschkatzengirlande

Ergibt eine 60 cm lange Girlande

Dieses Jahr hat Vanellope eine ganz besonders süße Girlande für den Weihnachtsbaum gebastelt! Ralph hilft ihr beim Schmücken – und kann nicht widerstehen, ein bisschen davon zu naschen ...

Zutaten

1 Packung Popcorn

1 kg kandierte rote und grüne Fruchtgummistücke

1 Blech Marshmallowsterne (siehe Seite 44) oder gekaufte Marshmallows

So geht's:

1. Eine stumpfe Nähnadel mit einer Angelschnur, einem Faden oder gewachster Zahnseide ohne Geschmack einfädeln. Das hintere Ende an der Spule lassen.

2. Popcorn, Marshmallows und Fruchtgummis in der gewünschten Reihenfolge anordnen. Dann mit der Nadel nach und nach durch die Mitte der einzelnen Zutaten stechen und diese vorsichtig auf der Schnur nach hinten schieben.

3. Ist die Girlande lang genug, den Faden von der Spule abschneiden und an beiden Enden gut verknoten.

Tipp: Falls du selbst gemachtes Popcorn verwendest, sollte es einen Tag alt sein – so lässt es sich leichter auffädeln!

Schneegestöber im Glas

Ergibt 3 Portionen

Wenn es draußen klirrend kalt ist, bleiben Pinocchio und Jiminy Grille drinnen, wo es kuschelig warm ist. Dort genießen sie dann den leckeren Milchshake, der wie Schneegestöber im Glas aussieht.

Zutaten

Für die Schlagsahne:

200 g Schlagsahne

1 TL Vanilleextrakt

1 EL Puderzucker

Für den Milchshake:

6 Kugeln Stracciatella-Eiscreme

90 ml Milch

9 extra dunkle Schokokekse

So geht's:

1. Die Eiscreme bei Raumtemperatur 10 Minuten weich werden lassen.

Die Schlagsahne zubereiten:

2. Die Schlagsahne in einer mittelgroßen Schüssel mit dem Handrührgerät aufschlagen, bis sie anfängt einzudicken (wenn du den Quirl hochhebst, sollte die Sahne leicht an ihm haften bleiben und hinuntertropfen).

3. Vanilleextrakt und Zucker zur Sahne geben und schlagen, bis sie fest ist. Achte darauf, nicht zu lange zu rühren!

Den Milchshake zubereiten:

4. Eiscreme, Milch und 6 Kekse kurz im Mixer pürieren. Dann in Gläser füllen und Schlagsahne darüber geben. Die restlichen Kekse zerkrümeln und auf die Sahnehäubchen streuen.

Annas Eiszauber

Ergibt 2 Stück

Anna liebt die Eiszapfen und Schneekristalle, die ihre Schwester Elsa herbeizaubert. Mit diesem Rezept kannst du dir diesen Eiszauber auf der Zunge zergehen lassen.

Zutaten

125 ml Wasser

685 g Zucker, plus Zucker zum Wälzen

blaue Lebensmittelfarbe

Spezialausstattung

2 Holzspieße

2 Wäscheklammern

So geht's:

1. Wasser in einem Topf bei mittlerer Hitze zum Kochen bringen. Nach und nach den Zucker hinzufügen und ständig mit einem Holzkochlöffel rühren, bis sich der Zucker aufgelöst hat (es soll nicht kochen). 8–10 Tropfen blaue Lebensmittelfarbe hinzufügen, gut verrühren und den Topf vom Herd nehmen.

2. Je eine Wäscheklammer an den Enden der beiden Holzspieße befestigen. Die Wäscheklammern als Griff benutzen, jeden Spieß erst in die Zuckerlösung tauchen, dann in Zucker wälzen. Zum Trocknen beiseitelegen und die Zuckerlösung etwa 5 Minuten abkühlen lassen.

3. Die Zuckerlösung auf zwei Einmachgläser verteilen; sie sollen etwa ¾ voll sein. In jedem Glas vorsichtig einen der getrockneten Zuckerspieße mit der Wäscheklammer so befestigen, dass er etwa 5–7 cm vom Boden und von den Seiten des Glases entfernt ist. Die Gläser an einem warmen Ort beiseitestellen.

4. Innerhalb einer Stunde beginnen sich Zuckerkristalle zu bilden, die langsam weiterwachsen und nach einer Woche so groß sind, dass du sie naschen kannst!

Winnie Puuhs Honigschnecken

Ergibt 8–10 Stück

Bei diesen köstlichen Honigschnecken kann Winnie Puuh einfach nicht widerstehen – da müssen sogar die Weihnachtsgeschenke warten, bis sie ausgepackt werden!

Zutaten

2 EL brauner Zucker

1 TL Zimt

90 g Butter

125 g Honig

1 Packung Croissantteig

So geht's:

1. Backofen auf 180 °C vorheizen. Zucker und Zimt in einer kleinen Schüssel vermengen und beiseitestellen.
2. Die Butter in einer kleinen Schüssel in der Mikrowelle schmelzen. Honig unterrühren. Die Hälfte der Mischung gleichmäßig auf ein Muffinblech mit 8–10 Vertiefungen verteilen.
3. Den Teig in 8–10 Stücke teilen und zu Strängen rollen. Jeden Strang zu einer Schnecke rollen und die Enden gut festdrücken. Die Schnecken in die Muffinformen legen, die restliche Honigmischung darübergeben und gleichmäßig mit braunem Zucker bestreuen.
4. 12–15 Minuten backen. Vor dem Servieren abkühlen lassen.

Robin Hoods Zuckerrinde

Ergibt 6 Portionen

Dieses Leckerei erinnert an die schneebedeckte Rinde alter Bäume. Darum schenkt Robin Hood sie seinen Freunden zum Fest – mit süßen Grüßen aus dem Sherwood Forest!

Zutaten

500 g weiße Schokolade, Tröpfchen oder gehackt

100 g rot-weiße Pfefferminzbonbons oder Zuckerstangen

30 g Minimarshmallows

So geht's:

1. Ein Backblech (23 x 33 cm) mit Backpapier oder Alufolie auslegen und beiseitestellen.
2. Bonbons im Mixer zerkleinern – oder in einen Plastikbeutel füllen und mit einem Nudelholz klein klopfen.
3. Weiße Schokolade in einer Schüssel 30 Sekunden in die Mikrowelle geben. Herausnehmen, mit einem Spatel umrühren und wieder 30 Sekunden in die Mikrowelle geben. So lange wiederholen, bis die Schokolade ganz geschmolzen ist.
4. Die Schokolade auf das Backblech gießen und mit dem Spatel gleichmäßig verstreichen. Rasch die zerkleinerten Bonbons und Marshmallows darauf verteilen. Vorsichtig festdrücken und mindestens 1 Stunde bei Raumtemperatur härten lassen, dann in Stücke brechen.

Ein Geschenkglas füllen:

Schokotröpfchen, Pfefferminzbonbons und Minimarshmallows in ein Einmachglas (500 ml) schichten. Das Glas fest verschließen, weihnachtlich dekorieren und die Rezeptkarte vom Ende des Buches daranhängen.

Simbas Dschungelbrownies

Ergibt 12 Stück

Diese Köstlichkeit erinnert Simba immer an die Zeit, die er mit Timon und Pumbaa im Dschungel verbrachte. Da haben sie gemeinsam im Schlamm nach vitaminreichen Larven und Würmern gesucht. Zu Weihnachten bevorzugt Simba allerdings die süße Variante – mit Schokoschlamm und Fruchtgummiwürmern.

Zutaten

Für die Brownies:

155 g Mehl
45 g ungesüßtes Kakaopulver
1 Prise Salz
125 g Butter
250 g Zucker
2 Eier
1 TL Vanilleextrakt

Für die Glasur:

125 g Butter
30 g ungesüßtes Kakaopulver
185 g Puderzucker
1 TL Vanilleextrakt
80 ml Milch
250 g Fruchtgummiwürmer

So geht's:

Die Brownies zubereiten:

1. Backofen auf 180 °C vorheizen. Ein Backblech (23 x 33 cm) einfetten und beiseitestellen.

2. Mehl, Kakaopulver und Salz in einer kleinen Schüssel verrühren und beiseitestellen. Mit einem Handrührgerät Butter und Zucker etwa 3 Minuten schaumig rühren. Eier und Vanilleextrakt unterrühren, bis sich alles verbunden hat. Dann nach und nach die trockenen Zutaten untermengen.

3. Die Masse auf dem Backblech verteilen. 25 Minuten backen (bis beim Zahnstochertest kein Teig mehr am Holz haftet) und in rechteckige Stücke schneiden.

Die Glasur zubereiten:

4. Butter und Kakaopulver in einem kleinen Topf bei mittlerer Hitze schmelzen. Puderzucker und Vanilleextrakt unterrühren, bis die Mischung glatt ist. Nach und nach die Milch hinzufügen und rühren, bis die Masse dickflüssig ist. Die Glasur 1–2 Minuten abkühlen lassen, über die Brownies gießen und mit Fruchtgummiwürmern verzieren.

Ein Geschenkglas füllen:

Die Zutaten in der folgenden Reihenfolge in ein Einmachglas (500 ml) schichten: Mehl, Salz, 45 g Kakaopulver, 250 g Zucker, zum Schluss die Fruchtgummiwürmer. Das Glas fest verschließen, weihnachtlich dekorieren und die Rezeptkarte vom Ende des Buches daranhängen.

Food styling by Jenny Park
Designed by Tony Fejeran and Margaret Peng

Special thanks to Elizabeth Schaefer, Tomas Palacios, Eric Geron, Brittany Candau, and Mike Siglain

FSC
www.fsc.org
MIX
Papier aus verantwortungsvollen Quellen
FSC® C121609

Disney – Weihnachtskochbuch
Deutschsprachige Ausgabe 2021 durch die Panini Verlags GmbH,
Schloßstraße 76, 70176 Stuttgart
Verlagsleitung: Gabriele El Hag
Chefredaktion: Nicole Hoffart
Redaktion: Eva-Regine Rauch
Redaktionelle Mitarbeit: Theresa Gorski
Lektorat: Claudia Weber
Produktion und Übersetzung: Print Company Verlagsges.m.b.H.
Umschlaggestaltung: tab indivisuell, Stuttgart
Druck: CPM Centro Poligrafico Milano S.p.A., Mailand, Italien
ISBN 978-3-8332-4067-6
www.paninishop.de

Die Deutsche Nationalbibliothek verzeichnet diese Publikation in der Deutschen Nationalbibliografie; detaillierte bibliografische Daten sind im Internet über http://dnb.d-nb.de abrufbar.

FÜR: ____________________

VON: ____________________

Nimmerland-Kakao mit Marshmallow-Sternen

Ergibt 8 Portionen

FÜR: ____________________

VON: ____________________

Dalmatiner-Pfannkuchen

Ergibt 4–6 Portionen

Zutaten

250 ml Milch
2 TL Vanilleextrakt
2 EL geschmolzene Butter
1 großes Ei
Pflanzenöl zum Einfetten

So geht's:

1. Milch, Vanilleextrakt, Butter und Ei in einer mittelgroßen Schüssel verrühren. Den Inhalt des Geschenkglases unterrühren.

2. Eine große Pfanne bei mittlerer Hitze erwärmen und mit Pflanzenöl einfetten. Für jeden Pfannkuchen 2 EL der Teigmasse in die Pfanne geben und mit dem Löffelrücken kreisförmig verteilen.

3. Jeden Pfannkuchen goldbraun backen, etwa 1 Minute auf jeder Seite. Mit Ahornsirup beträufelt oder mit Puderzucker bestreut servieren.

Zutaten

2 l Milch

So geht's:

1. Die Milch in einem großen Topf bei mittlerer Hitze erwärmen, aber nicht kochen lassen. Den Inhalt des Geschenkglases bis auf die Marshmallows dazugeben und umrühren, bis sich alles aufgelöst hat.

2. Auf Tassen verteilen, mit einem Marshmallowstern dekorieren und servieren.

FÜR:

VON:

ROBIN HOODS ZUCKER-RINDE

Ergibt 6 Portionen

FÜR:

VON:

SIMBAS DSCHUNGEL-BROWNIES

Ergibt 12 Stück

Zutaten

125 g Butter, plus Butter zum Einfetten
2 Eier
1 TL Vanilleextrakt
500 g Schokoladenglasur

So geht's:

1. Backofen auf 180 °C vorheizen. Ein Backblech (23 x 33 cm) mit Backpapier einfetten und beiseitestellen.
2. Butter, Eier und Vanilleextrakt schaumig rühren, den Inhalt des Geschenkglases dazugeben und verrühren.
3. Die Masse auf dem Backblech verteilen. 25 Minuten backen (bis beim Zahnstochertest kein Teig mehr am Holz haftet) und in rechteckige Stücke schneiden.
4. Die Glasur über die Brownies gießen und mit Fruchtgummiwürmern verzieren.

So geht's:

1. Ein Backblech (23 x 33 cm) mit Backpapier oder Alufolie auslegen und beiseitestellen.
2. Pfefferminzbonbons im Mixer zerkleinern – oder in einen Plastikbeutel füllen und mit einem Nudelholz klein klopfen.
3. Weiße Schokolade in einer Schüssel 30 Sekunden in die Mikrowelle geben. Herausnehmen, mit einem Spatel umrühren und wieder 30 Sekunden in die Mikrowelle geben. So lange wiederholen, bis die Schokolade ganz geschmolzen ist.
4. Die Schokolade auf das Backblech gießen und mit dem Spatel gleichmäßig verstreichen. Rasch die Zuckerstangen und Marshmallows darauf verteilen. Vorsichtig festdrücken und mindestens 1 Stunde bei Raumtemperatur härten lassen, dann in Stücke brechen.